JE M'APPELLE BARAKA

À Baraka, l'un de mes héros. — E.W.
À Rosemarie — E.F.

Catalogage avant publication de Bibliothèque et Archives Canada

Walters, Eric, 1957-
[My name is Blessing. Français]
Je m'appelle Baraka / Eric Walters ; illustrations de Eugenie
Fernandes ; texte français de Louise Binette.

Traduction de : My name is Blessing.
ISBN 978-1-4431-4329-5 (couverture souple)

I. Fernandes, Eugenie, 1943-, illustrateur II. Binette, Louise,
traducteur III. Titre. IV. Titre : My name is Blessing. Français

PS8595.A598M914 2015 jC813'.54 C2014-906185-4

Publié selon une entente conclue avec Tundra Books, une division de Random House of
Canada Limited, de Penguin Random House.

Édition publiée par les Éditions Scholastic, 604, rue King Ouest, Toronto (Ontario) M5V 1E1, avec
la permission de Tundra Books, One Toronto Street, Suite 300, Toronto (Ontario) M5C 2V6.

5 4 3 2 1 Imprimé au Canada 114 15 16 17 18 19
Conception graphique : Andrew Roberts
Les illustrations de cet ouvrage ont été créées avec de la peinture acrylique sur papier.

JE M'APPELLE BARAKA

Illustrations

ERIC WALTERS D'EUGENIE FERNANDES

Éditions
SCHOLASTIC

Muthini regarde sa grand-mère remuer le gruau dans la grande marmite. Il sait qu'il n'y aura pas beaucoup à manger. Mais peu importe la quantité de nourriture, sa grand-mère la partagera également entre ses neuf petits-enfants. Ils se mettent en file, du plus âgé au plus jeune. Muthini est le dernier. Sa grand-mère (ou *nyanya*) dépose une petite cuillerée dans son assiette. À l'aide des trois doigts de sa main droite, il prend un peu de gruau. Il est chaud et salé, et il a bon goût tandis qu'il descend dans son ventre vide.

Une seule chose le rendrait encore meilleur. Muthini aurait bien voulu que sa *nyanya* en garde un peu pour elle. La plupart du temps, elle ne mange que le gruau collé au fond de la marmite.

Les cousins mangent calmement. À vrai dire, ils sont comme frères et sœurs. Au fil du temps, ils sont venus habiter chez leur *nyanya* après la mort ou le départ de leurs parents. Il n'y a jamais assez d'argent ni de nourriture, mais Muthini sait bien que sa *nyanya* fait de son mieux. Elle leur donne tout ce qu'elle a, c'est-à-dire beaucoup d'amour.

Sa *nyanya* s'appelle Mumo, qui veut dire grâce. C'est vrai qu'elle accepte son sort de bonne grâce, sans protester. Au Kenya, les noms ont souvent une signification. L'un des cousins de Muthini se prénomme Kioko parce qu'il est né tôt le matin. Sa cousine s'appelle Mueni, car des visiteurs se trouvaient à la maison au moment de sa naissance. Mutanu signifie heureux, et Mwende, aimée.

Muthini, quant à lui, a reçu un nom lourd à porter. Muthini veut dire souffrance. C'est le prénom que sa mère lui a donné avant de partir. Tout ça parce qu'à sa naissance, il lui manquait les doigts de la main gauche et deux doigts à la main droite.

Sa *nyanya* ne semble jamais remarquer qu'il lui manque des doigts. C'est l'une des raisons pour lesquelles il l'aime tant. N'empêche que Muthini entend ce que l'on dit de lui. La plupart des gens parlent à voix basse, mais pas toujours. Il entend les railleries des enfants et les commentaires cruels des adultes. Il essaie de ne pas y prêter attention, mais ça le blesse quand même.

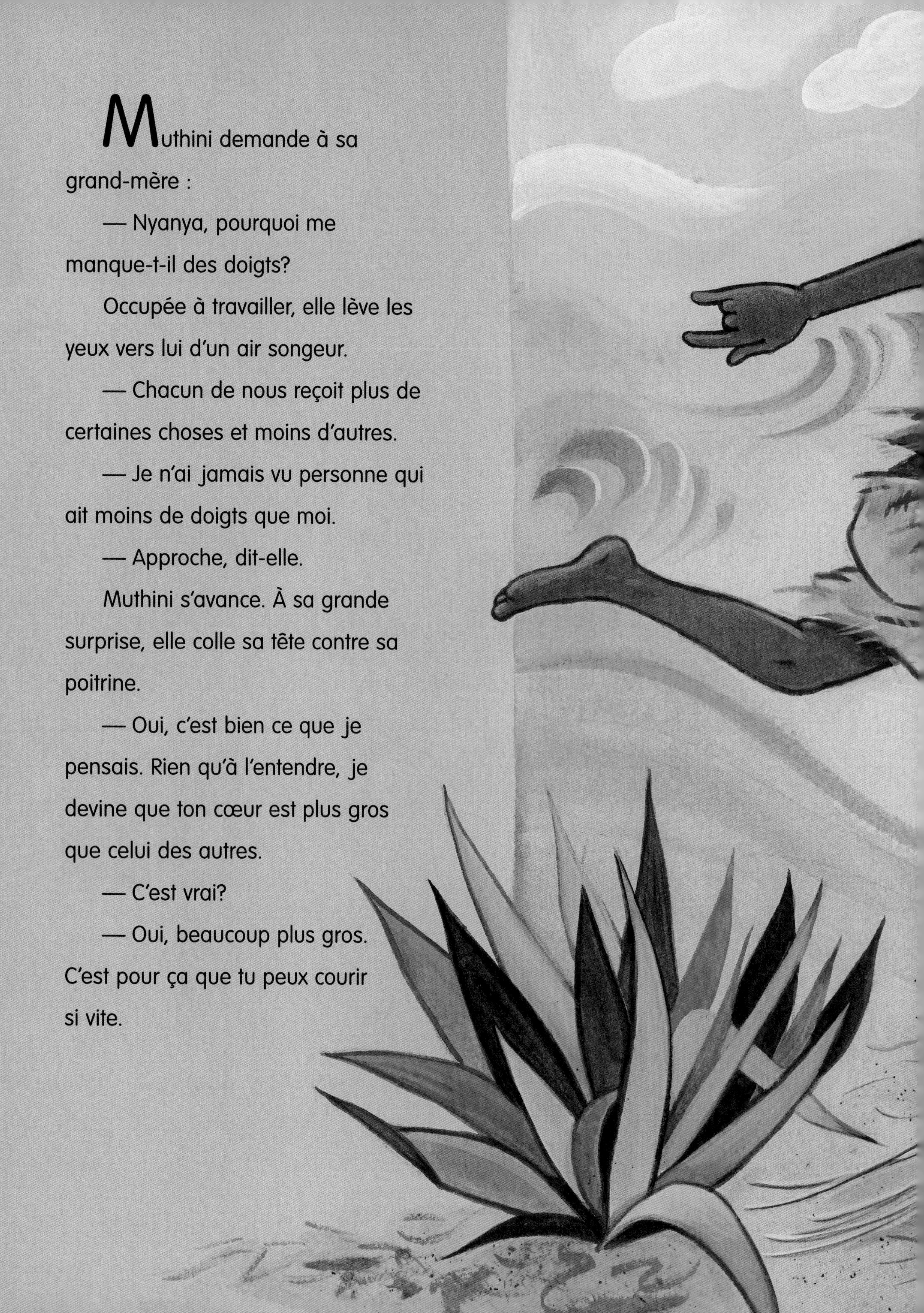

Muthini demande à sa grand-mère :

— Nyanya, pourquoi me manque-t-il des doigts?

Occupée à travailler, elle lève les yeux vers lui d'un air songeur.

— Chacun de nous reçoit plus de certaines choses et moins d'autres.

— Je n'ai jamais vu personne qui ait moins de doigts que moi.

— Approche, dit-elle.

Muthini s'avance. À sa grande surprise, elle colle sa tête contre sa poitrine.

— Oui, c'est bien ce que je pensais. Rien qu'à l'entendre, je devine que ton cœur est plus gros que celui des autres.

— C'est vrai?

— Oui, beaucoup plus gros. C'est pour ça que tu peux courir si vite.

Elle se lève et place ses mains sur le crâne de Muthini. Elle hoche lentement la tête.

— Je m'en doutais. Ton cerveau est plus gros que la moyenne. C'est pour ça que tu es doué de raison.

C'est *vrai* qu'il est intelligent. Il compte parmi les meilleurs élèves de toute l'école.

— Je sais que tu as une grande âme aussi. Je le sens.

Elle fait une pause.

— C'est tellement triste que les autres enfants n'aient que dix doigts, alors que toi, tu as un cœur et un cerveau plus gros, et une âme plus grande.

Muthini sourit intérieurement.

— Même s'ils se moquent de toi parce qu'il te manque des doigts, ne te moque pas d'eux à ton tour parce que tu possèdes ce qu'eux n'ont pas. Écoute ton âme, ton intelligence et ton cœur. Promis?

— Promis! dit-il en la serrant dans ses bras.

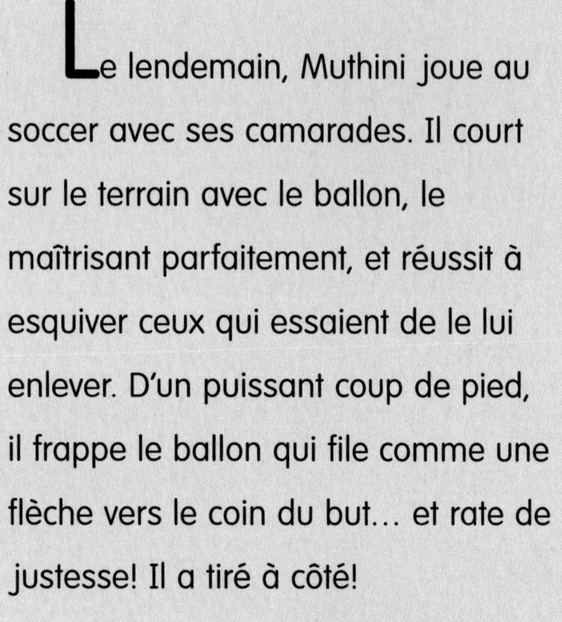

Le lendemain, Muthini joue au soccer avec ses camarades. Il court sur le terrain avec le ballon, le maîtrisant parfaitement, et réussit à esquiver ceux qui essaient de le lui enlever. D'un puissant coup de pied, il frappe le ballon qui file comme une flèche vers le coin du but… et rate de justesse! Il a tiré à côté!

— Personne ne compte à tout coup, dit son cousin Kioko. La prochaine fois, peut-être.

Pas peut-être. La prochaine fois, il comptera.

Muthini traverse le terrain en trottinant. Il aperçoit sa *nyanya* près de la clôture de la cour d'école. Pourquoi est-elle là, si loin de la maison? Il marche vers elle, inquiet.

Sa *nyanya* lui dit :

— Tu es vraiment un bon joueur, Muthini.

— Je n'ai même pas compté.

— On ne fait pas toujours ce que l'on veut dans la vie, dit-elle.

Il remarque la tristesse dans son regard.

— Muthini, c'est un long trajet de la maison jusqu'à l'école pour une femme aussi vieille que moi.

— Nyanya, tu n'es quand même pas *si* vieille.

Elle l'attire vers lui et pose une main sur son épaule.

— Je suis trop vieille pour faire ce que je *veux* faire. Le temps est venu de faire ce que je *dois* faire.

Elle pousse un long soupir et reprend :

— Nous devons maintenant faire une longue marche, toi et moi. J'espère seulement que tu sauras me pardonner.

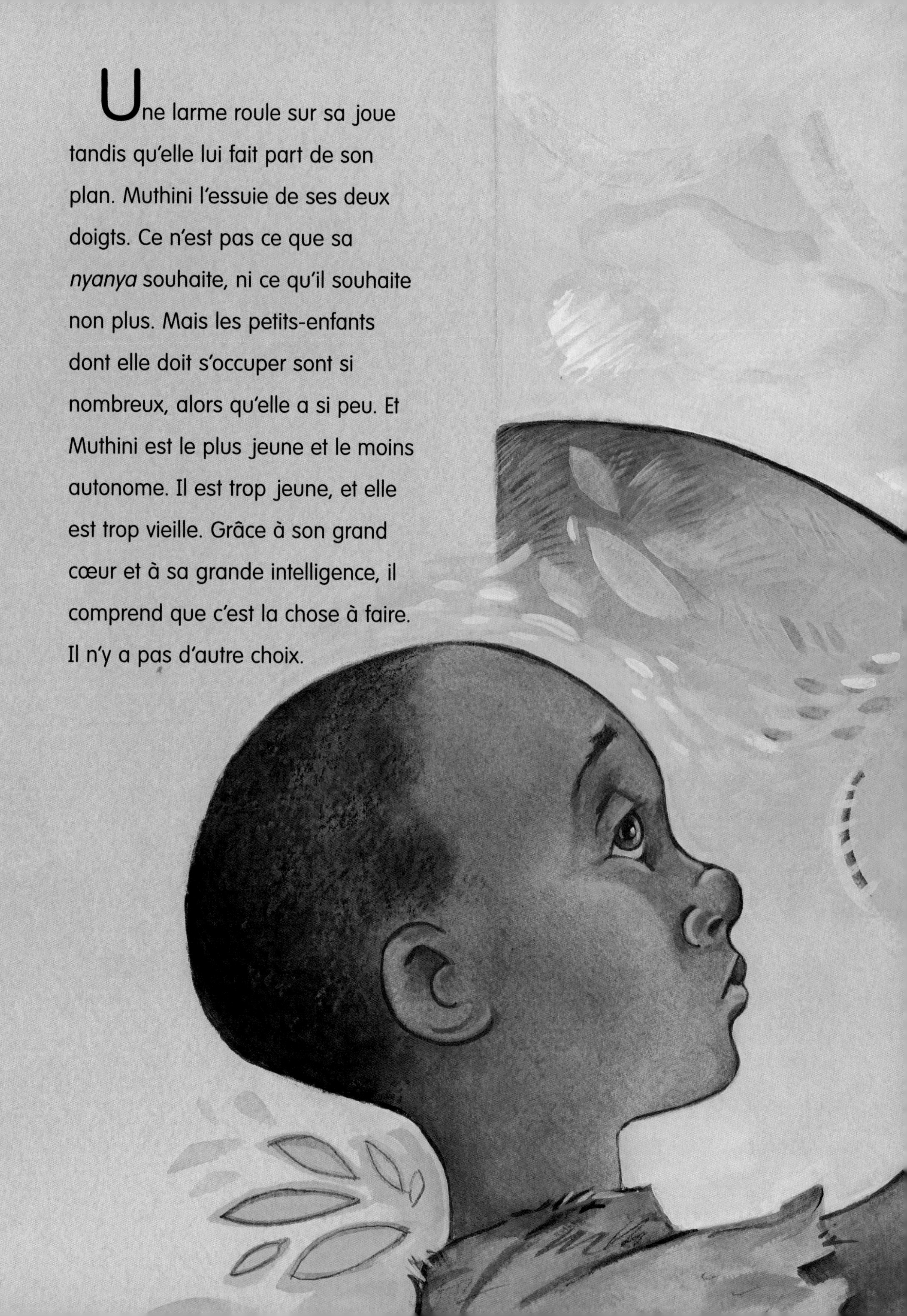

Une larme roule sur sa joue tandis qu'elle lui fait part de son plan. Muthini l'essuie de ses deux doigts. Ce n'est pas ce que sa *nyanya* souhaite, ni ce qu'il souhaite non plus. Mais les petits-enfants dont elle doit s'occuper sont si nombreux, alors qu'elle a si peu. Et Muthini est le plus jeune et le moins autonome. Il est trop jeune, et elle est trop vieille. Grâce à son grand cœur et à sa grande intelligence, il comprend que c'est la chose à faire. Il n'y a pas d'autre choix.

Main dans la main, ils poursuivent leur chemin. Fidèle à son habitude, Muthini a glissé son autre main dans la poche de son short en lambeaux. Il veut que les gens le voient, lui, avant de remarquer ses mains.

Muthini s'efforce de retenir ses larmes pour ne pas faire de peine à sa grand-mère. La route est longue, et même ses jeunes jambes sont lourdes de fatigue alors qu'ils avancent péniblement sur le sentier poussiéreux.

Ils s'arrêtent à l'entrée d'un petit bâtiment. Il n'y a aucune enseigne. *Sommes-nous au bon endroit?* se demande Muthini.

Puis il entend les rires des enfants qui jouent. Sa *nyanya* pousse la barrière, et ils jettent un coup d'œil dans la cour. Les enfants sont bien vêtus et portent tous des chaussures. Muthini fixe ses pieds nus. Ses vêtements sont usés et déchirés. Il est un peu nerveux.

Un homme marche vers eux en souriant.

— Bonjour! Je m'appelle Gabriel et ici, c'est, chez moi.

Il désigne la cour d'un geste de la main.

— *Chez nous*, précise-t-il.

Il a un regard plein de bonté. Muthini le remarque en levant les yeux.

— Vous avez une très belle maison, dit sa *nyanya*. Je suis venue vous parler de mon petit-fils, Muthini.

Gabriel paraît surpris.

— Pourquoi lui avoir donné un nom qui signifie souffrance? demande-t-il.

— C'est le nom qu'il a reçu avant de venir vivre chez moi.

Muthini voit bien que sa *nyanya* est au bord des larmes.

— Je suis si vieille et je possède si peu. Je suis venue vous demander si vous aviez une place pour Muthini dans votre maison.

Gabriel lui sourit tristement.

— Je sais à quel point cela doit être difficile pour vous.

Il tend la main au garçon.

— Enchanté de faire ta connaissance, Muthini.

Ce dernier retire sa main de sa poche et serre celle de l'homme. Gabriel soulève la main de Muthini, la retourne lentement et observe l'endroit où devraient se trouver les doigts.

— Montre-moi ton autre main.

Muthini la lui tend. Il a peur et se sent mal à l'aise tandis que Gabriel examine sa main.

L'homme secoue la tête.

— Je suis désolé, mais il n'y a pas de place pour Muthini chez moi.

Muthini est déçu, mais il s'y attendait. Comment pourrait-il y avoir une place pour lui? Il y a déjà tant d'enfants!

— Devrais-je le ramener dans une semaine ou deux? Dans un mois? demande sa *nyanya.*

— Il n'y aura pas de place dans une semaine ni dans un mois. Il n'y aura jamais de place pour Muthini chez moi, dit Gabriel.

Le cœur de Muthini se serre. Est-ce à cause de ses doigts?

Puis Gabriel ajoute :

— Mais il y aura toujours de la place pour une bénédiction. Nous sommes heureux de l'accueillir chez nous, non pas en tant que Muthini qui signifie souffrance, mais en tant que Baraka qui signifie bénédiction.

— Vous voulez que je change de nom? demande Muthini.

— Je veux que tu changes ton avenir, répond Gabriel. Je ne pourrai jamais te regarder et voir de la souffrance, et je ne veux pas que les autres en voient non plus. Je veux qu'en entendant ton nom, ils voient ce que je vois, et ce que ta nyanya voit : une bénédiction. Baraka.

La grand-mère de Muthini sourit et dit :

— C'est exactement ce que j'ai toujours vu.

L'homme tend la main de nouveau.

— Bonjour, je m'appelle Gabriel.

Muthini hésite. Il ne sait pas ce qu'il doit dire ou faire. Soudain, il comprend. Il serre la main tendue de Gabriel.

— Bonjour, Gabriel. Je m'appelle Baraka… et je suis une bénédiction.

LE MONDE DE BARAKA

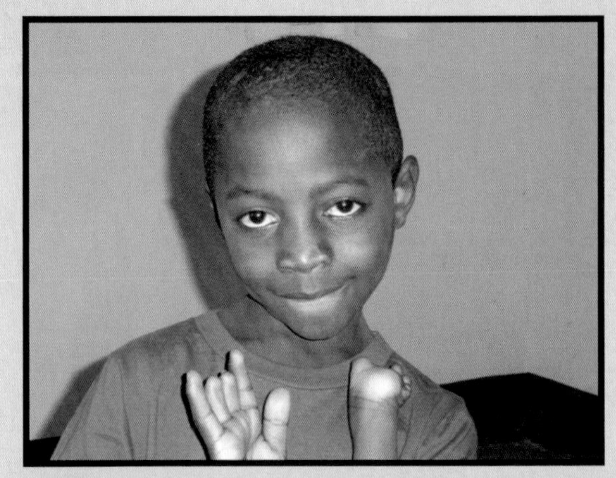
Baraka

Baraka existe vraiment.

Tout comme Grace, sa grand-mère ou *nyanya*.

Grace (Mumo)

Ils habitent dans la région de Mbooni, au Kenya, un pays de l'Afrique de l'Est. Leur maison se trouve non loin de la ville de Kikima, située à environ 150 kilomètres au sud-est de la capitale, Nairobi. Cette région rurale est nichée dans les montagnes, et l'on ne peut l'atteindre que par des routes de terre cahoteuses.

Baraka et Grace font partie de la tribu des Kamba. Ils parlent le kikamba, la langue de leur tribu, ainsi que le swahili, l'une des langues officielles du Kenya. Comme la majorité des enfants d'âge scolaire, Baraka apprend aussi l'anglais, la deuxième langue officielle du pays. Son anglais est excellent, et il adore raconter des blagues et faire des jeux de mots.

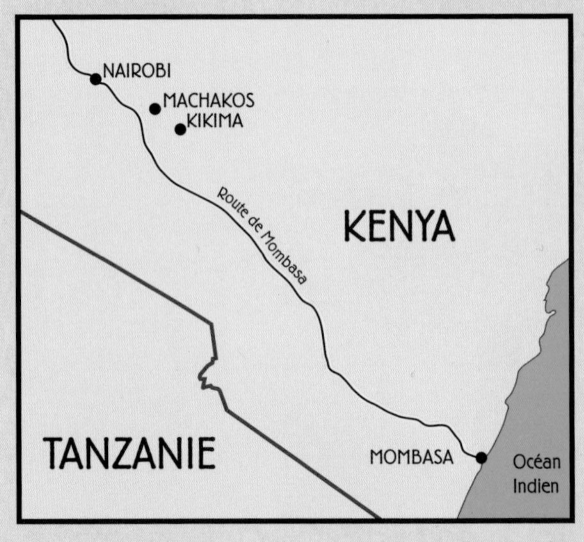

Carte du Kenya, pays de Baraka

Ma première rencontre avec Grace et ses petits-enfants

La première fois que j'ai rencontré Grace en 2007, elle m'a accueilli avec un sourire et une main tendue. Elle s'occupait des neuf petits-enfants qui vivaient avec elle dans sa petite hutte. Dans cet endroit très pauvre, elle était encore plus pauvre que la plupart des gens.

Grace partageait un lit simple avec les filles tandis que les garçons, blottis les uns contre les autres, dormaient sur de vieux chiffons posés à même le sol de terre battue.

Souvent, il n'y avait qu'un seul repas par jour. Parfois, quand il ne restait plus de nourriture, Grace mettait une marmite d'eau à bouillir sur le feu. Elle disait à ses petits-enfants que le souper allait bientôt être prêt, tout en espérant qu'ils s'endorment avant de s'apercevoir qu'il n'y avait rien à manger. Grace leur a toujours donné beaucoup d'amour et de soins, mais elle savait que ce n'était pas suffisant.

La maison de Grace

Le lit que Grace partage avec ses petites-filles.

La classe de Baraka

Un moment de lecture avec Kanini

Les chèvres de Grace, gracieuseté de *Creation of Hope*

Lors de ma visite au Kenya en 2007, j'ai été abasourdi par l'ampleur du problème des orphelins. De nombreux parents sont morts à la suite de maladies ou de la famine. Leurs enfants se sont retrouvés complètement seuls. Souvent, ils ont été pris en charge par un membre âgé de la famille. J'ai découvert qu'il y avait plus de 500 orphelins, comme les petits-enfants de Grace, dans le seul district de Mbooni, une communauté de 22 000 habitants seulement. J'ai décidé de faire quelque chose pour leur venir en aide.

Ma famille s'est jointe à la famille Kyatha au Kenya pour fonder *The Creation of Hope*. Ce programme fournit un hébergement et des soins à 44 enfants, ainsi qu'un soutien financier à 21 jeunes qui fréquentent l'école secondaire. Il offre aussi une aide continue à plus de 350 orphelins de la communauté vivant avec leur famille élargie. Cette aide consiste en dons mensuels de nourriture, de chèvres, de poulets, d'uniformes scolaires, de vêtements, de lits et d'autres articles nécessaires aux soins de base des enfants. De plus, le programme finance des projets liés à l'approvisionnement en eau et pourvoit l'école locale en fournitures et manuels scolaires. Il a également permis d'implanter la seule bibliothèque du district de Mbooni et de fonder un collège pour former des éducateurs au niveau préscolaire.

Le soutien financier est assuré par des parrains et marraines provenant du Canada, de l'Allemagne, des États-Unis et du Kenya, ainsi que par des dons individuels et des activités-bénéfice organisées par des écoles partout au Canada. La totalité de l'argent amassé par les écoles est versé directement au programme.

La construction du plus récent bâtiment (la nouvelle résidence Rolling Hills) s'est achevée en 2013. En plus d'accueillir nos orphelins, la résidence abrite les bureaux du programme. Elle est aussi dotée d'une cuisine, d'un réfectoire et d'une salle de conférences utilisée par la communauté.

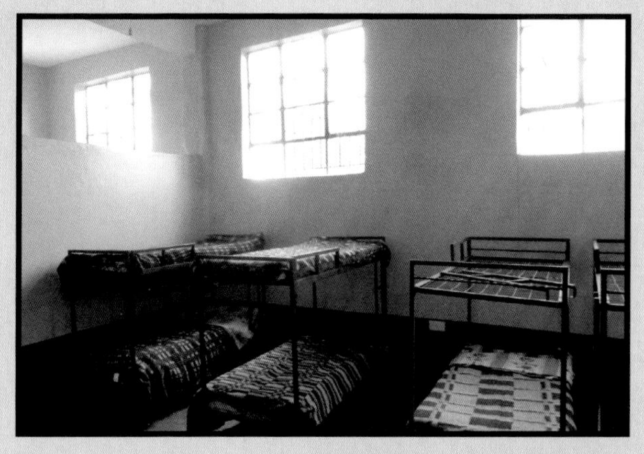

La résidence où Baraka dort

À la demande de Grace, Kanini, le premier de ses petits-enfants, puis Baraka (appelé jusqu'alors Muthini) sont venus vivre à la résidence Rolling Hills. Notre programme continue à soutenir Grace et ses autres petits-enfants en leur fournissant des provisions chaque mois et en s'engageant à financer leurs études secondaires. Grace entretient des contacts réguliers avec ses petits-enfants et demeure leur tutrice légale.

Les provisions qui sont distribuées chaque mois aux orphelins de la communauté

Grace s'occupe et veille à la reproduction des chèvres que ses petits-enfants ont reçues et les vend à notre programme. Elles sont ensuite offertes à d'autres orphelins dans le besoin. Sa vie, comme celle de ses petits-enfants, a changé en mieux. Le désespoir qui les accablait constamment a fait place à un sentiment de sécurité qui leur donne confiance en l'avenir.

Baraka en train de chanter

Séance de jeu dans la cour de la résidence

Julia et Baraka

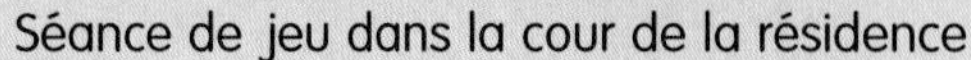

Baraka voit régulièrement sa *nyanya* et ses cousins. Il aime jouer au soccer, être en compagnie des autres enfants à la résidence, voir sa famille, danser et chanter. Il adore rire et il s'entend bien avec tout le monde. Baraka est un élève appliqué qui souhaite devenir ingénieur quand il sera grand. Il est parrainé par ma fille Julia et son amie Megan, et l'avenir s'annonce très bien pour lui.

Baraka est un jeune homme remarquable dont la grandeur d'âme m'impressionne énormément. Il est une source d'inspiration et de joie, et il est l'un de mes héros. Baraka est une véritable bénédiction.

Eric Walters
Automne 2012